JN418669

신영숙 • 세월의 바람소리 • 목판화 • 200x300

붉은 꽃 열흘

붉은 꽃 열흘

신진숙

도서출판 신원

시인의 말

붉은
꽃
열흘
그 모든 것 흘러가는 중..,

불혹에 품었던 수다한 그리움 이제 내려놓는다
내가 살았던 언어의 집을 비운다
오랜만에 서랍 정리를 하는 것처럼
그 안에 담겨진 진의를 돌아보는 특별한 시간이었다
비우고 남은 단단해야할 詩가 걱정이지만
떠나간 시간의 소용이라 애틋하지 않은 것이 없다
미안하다 세상의 노래도 시인의 노래도 잘 부르지 못했다
고맙다 그런 나를 여기 서 있게 했으니

2006년 가을
신진숙

차례

산길을 읽는다 17

- 우물
- 불꽃놀이
- 산길을 읽는다 4 – 유월낙엽
- 강물이 소리 없이 깊은 건 – 희방폭포에서
- 보이차를 마시며
- 바람의 말 듣지 마
- 외로운 주점
- 사랑을 반성 한다
- 봄 꿈
- 번지점프
- 실연
- 입춘산행
- 경복궁에서

푸른 절벽의 오후 33

- 신록열차
- 러브버그
- 오월 산행
- 푸른 절벽의 오후
- 열리지 않는 창
- 그런 사람이 있습니다
- 추억의 속도
- 한 밤중의 모노드라마
- 그야말로 충만한
- 꽃집 남자
- 사추기
- 퇴근길
- 산길을 읽는다 3

부재중 그리움 49

- 세월의 뼈 – 문양석
- 두물머리 연가
- 부재중 그리움 1
- 불면2
- 그리움이 돌아오면
- 개화 – 목련
- 안개
- 블랙홀
- 그림 속의 남자
- 신문을 심문한다
- 완연한 봄
- 그 섬에서
- 시계가 멈춘 학교 – 교육박물관에서
- 산길을 읽는다 1

아주 오래된 사랑 67

- 실연 2
- 부재중 그리움 2
- 옛 친구를 보내며 1 – 영정앞에서
- 불혹을 지나며
- 칩거 2
- 오해
- 연애
- 모짜르트에서
- 가을 낙화
- 화신
- 아주 오래된 사랑 – 문양석
- 불면
- 이별후문
- 표류

소리 없는 대화 85

- 산길을 읽는다 2
- 목련
- 안으로 잠긴 창
- 소리 없는 대화
- 들꽃 – 꽃박람회장에서
- 우울증
- J의 병상에서
- 4월의 풍장
- 옛 친구를 보내며 2
- 신도시 항구
- 부재중 그리움 3
- 노래방에서
- 가을 봄
- 부재중 그리움 4

산길을 읽는다

우 물

누구나 우물 하나 갖고 살지
얼마나 깊은가를
울림으로 대신하는
또 하나의 내가 살고 있는 곳
동그란 사다릴 타고
언제고 하늘 밖으로 걸어 나오는
따뜻한 샘물
얼마나 퍼 올렸을까
아직 그 안에 있을
기억의 소자들
우물만한 하늘이고 살다
환한 두레박으로 길어 올리는
침잠의 메아리
오늘도 나는 우물을 향해
소리 없이 외치고 있다

불꽃놀이

오직

찰나를 위해

거대하고 단단한

불덩이 가슴을 터뜨린다

어둠을 움켜쥐며

꽃이 되는 그 순간

세상이

공空이다

산길을 읽는다 4

—유월 낙엽

아카시 잎들이 노란약물을 삼키고
여기저기 누워있다
갑자기 산길이 가을이다
엊그제까지 꽃바람 향기롭더니
숲 한 자락이 낙엽 길
황하현상이라는 기이한 풍경
철 이른 꽃잎 있었으니
철 이른 낙엽도 있겠다
어디 시절 모르는 일이 산에서 뿐일까
때 모르게 비껴 간
덧없는 인연 얼마나 많았을까

강물이 소리 없이 깊은 건

—희방폭포에서

해발 850미터에 폭포가 있다니
내륙 최고의 물줄기라니
소백산이 목 놓아 울고 있다
천 번 만 번
억겁의 굽이를 돌아와
무서운 속도로
낙하하는
정점이
내 앞에 있다
마침내 죽어도 좋을 순간이
이런 것이리라
숱한 말들이 숨을 거둔다

강물은 소리 없이 깊어질 수밖에

보이차를 마시며

차 한 잔이
영 잊은 줄 알았던
내 몸속 순한 길 하나를 일으켜 세운다
한 겨울
사랑하는 이와 헤어질 때 마시기 좋다했던가

어느 변방의 세월로 빚은
차 한 잔의 농담濃淡이
만나고 헤어지는 먹먹함을
간단없이 풀어주는 가보다

내가 만든 수많은 生의 경계 허물어버리면
세상의 모든 일이 무고해지는 것을

귀한 인연도 사소한 만남이 되게 하는
세상의 풍문보다
얼마나 깊은 울림인지
그 여향餘香에
밤이 홀로 깨어있다

바람의 말 듣지 마

바람의 말 믿을 게 못되는 줄은 알지만
언제나 풍문이 먼저 당도 한다
훈풍을 타고 오면
마른 꽃처럼 소리 없이 웃다가도
예고 없이 날아든 북풍일 땐
한숨이 오래 머물다 가곤 한다
바람의 말 먼저 믿게 하는
이 바람은 대체 어디서 불어오는 것인지
가까운 어제만 해도
바람이 전하는 수신호에 함께 즐거워하지 않았던가
그리움을 겨냥한
바람이 못내 두려운 것은
나 또한 바람이 되어 있을지 모르는 일
바람 부는 날엔
모두 갈대가 되나보다

외로운 주점酒店

바람 부는 날 주점에 가면
외로운 별에서 온 나그네들이 모여 있다
느슨해진 매무새로 부르는 세상별곡
어둔 골목 불이 켜지 듯
한정 없이 쏟아지는 불그레한 형용사들
술잔의 농도는 불규칙하다
술잔을 비우는 건
또 다른 외로움을 마시는
즐거운 슬픔
알코올에 취하는 것이 아니라
나의 하늘이 휘청거리는 것이다
흐린 날 주점에 가 있을 거란 시인처럼
은신이 어려운 외로움에
시름의 노래로
한 세상을 마시는 것이다

사랑을 반성 한다

K가수가 부른 '보고 싶다'를 오래 듣다 보면
사랑을 반성하게 된다
보고 싶다는 말을 하긴 했지만
죽을 만큼이었던가
뒤늦게 사랑을 의심 한다
헤어진 후 밤새워 울지 않았으니
과연 미칠 듯 사랑 했던가
사랑이 멈추었을 때도
통곡하지 않았으니
목숨이 다할 만큼은 더더욱 아니었다
사랑의 부재를 서러워하다가도
계절이 다시 돌아오면
빈자리에 익숙 하려 애쓰지 않았던가
목 놓아 이름 한번 불러본 적 없는데
가수는 목이 쉬도록
떠나간 사랑을 향해 울부짖는다

봄 꿈

봄비 나붓이 내려
꽃길 환하게 열리는
그 파릇한 길목 서성이다보면
나도 봄꿈을 꾼다
아스라이 내려앉는
청신한 빈터
한낮에도 하늘 어둡고
솔향기 안개로 피어오르는
너도 나도 맨발이었던 그 때
아무도 모르게 품어 올렸던
여린 대궁으로 살고 지던
귀먹고 눈감은 그 날이
꿈이던가
전설이던가

번지점프

지상을 날고 싶다
묻어두었던 바람
바람에 풀어내며
그대로 새가 되어 날아가는 꿈
새를 붙잡고 있는
질기고 긴 끈
한번쯤 나를
팽팽하게 당겨보고 싶지 않은가

실연 1

무엇인가에 길들여진다는 것은
참 무서운 일
어느 날 갑자기 습관이 멈추게 되면
사물의 숨도 멎는다
열려있는 창문은 모조리 닫혀있고
꼭꼭 닫아놓은 바람은
수상한 그림자를 데리고 다닌다
몽롱해지는 일상의 손짓들로
길들은 모두 지워지고
사방은 막혀있다
체증을 일으키는 좀처럼 낡지 않을
습관의 힘
한동안 무겁게 허공에 머물다 가리
잊는 것을 잊어버릴 때까지

입춘 산행

바람은 뼈를 버리고
하늘은 파란 낭떠러지
골짜기 숨결이 느껴질 만큼
내 곁에 바짝 서 있는 산
외로운 크레바스에 박혀있을
누군가의 영혼도
가파른 절벽을 올랐으리라
허리춤이 보이는
위험한 산행이지만
어느 먼 나라에서 온 사신이
겨울 산을
조금 씩 들어 올리고 있다

경복궁에서

궁궐 뒤뜰 담장 안에서
발이 묶인다
돌담 사이로 흐르고 있는
시간의 이끼들
석상의 무늬도 무디어져버린
세월의 그림자를 본다
적요寂寥를 헤엄치는 나비
무한의 시간을 날고
수많은 어제를 알고 있을
나무들의 깊은 호흡
멀고 먼
또 하나의 순간이 될 지금
고요를 접는 새 한 마리
궁 밖으로
유유히 날아가고 있다

푸른 절벽의 오후

신록열차

바람도 질세라 달리는
열차의 종착역은 유월
일상을 통과한 레일
나무와 나무 멀어져가듯
수많은 나를 젖히며 간다
협궤를 지나는 소리
카메라 셔터처럼 세상 여닫는 소리
미루나무 은빛 헤엄을 치고
푸른 터널을 뚫고 가는
싱그러운 날갯짓들
하루 종일 평행을 긋고 있다

*러 브 버 그

무서운 파괴력을 가진
바이러스 이름이
왜 하필 I LOVE YOU였을까

사랑은 가끔
치명적인 거짓말을 한다

* 러브버그
I LOVE YOU라는 이메일을 통해 전 세계에 퍼졌던 컴퓨터바이러스

오월 산행

녹음의 고지를 앞두고
달콤한 오수에 빠져있다
군데군데 잠복한
붉은 군단이
몇 걸음 남지 않은 능선을
오월의 함성보다 먼저 오르고 있다

푸른 절벽의 오후

비포장도로 끼고 가는 병산마을 한가로움을 지나 숫제 고요하다 간간히 보였다가 사라지는 낙동강 지류 따라가다 보면 정적을 안고 있는 *병산서원 그리워했던 진경이 거기 있다 넉넉한 입교당에 앉은 옛 선비들 밤낮으로 글 읽고 글 지으면 뒤란에 나이 한참 된 목백일홍 붉게 웃었겠다 오자마자 다시 오고 싶은 곳 **만대루萬對樓 대청에 오르니 세상살이 알바 아니다 자연의 병풍 병산 발치까지 황톳빛 강물에 잠겨있고 멀리서 화답하는 적송들 이미 향기롭다 보물 같은 서원 철통같이 사수 하고 있는 마지막 한철 보내는 매미 울음소리 이내 적막으로 흐르는 오래오래 독대하고 싶은 푸른 절벽의 오후

*병산서원
안동시 풍천면 병산리. 서애 유성룡의 학문을 기리기 위해 세워진 조선시대 5대 서원 중 하나.

**만대루
자연조망을 위해 지어진 7칸 누각으로 만대(萬對)란 두보의 오언율시(五言律詩)인 백제성루의 '푸른 절벽은 오후 늦게 대할만 하니...' 라는 귀절에서 명명됨.

열리지 않는 창

*열리지 않는 창을 주었더니 뭔가를 열어 보이라고 성화다 활짝 열어주겠노라며 선심을 쓰기도 한다 수없이 많은 창 모두 열어 젖혀야 한다면 창은 존재하지 않는 것 창은 내 것이 아니기도 하여 열 수 없는 창이 생각보다 많다 누구나 열리지 않는 내밀한 창 갖고 있다 들여다보기 좋아하는 사람들이 일없이 열어대는 수많은 창이 되기 싫은 까닭이다

* 제 1시집 제목 '열리지 않는 창'

그런 사람이 있습니다

유월의 문턱을 넘어서면
달음박질치기 시작하는 쥐똥나무
덩달아 숨 가빠집니다
아무도 노래 불러주는 이 없고
근사한 이름도 갖지 못했지만
손톱 달만한 꽃잎이 뿜어대는 신열은
얼마나 멀리 퍼져 나가는 지요
화려한 유혹에 젖어있는 사람들에겐
즐거운 배반의 향기
낮은 울타리가 되어 살아도
후미진 숲에 숨어 있어도
기어이 향기로운 나무가 있습니다
그런 사람이 있습니다

추억의 속도

강과 바다가 만나는 길을 따라 무한 질주 하다보면 달려가는 것이 아니라 오히려 뒤로 밀려 난다 고장 난 속도계로 달려갔던 길들을 지나고 지나 마침내 아슴아슴한 유년의 대문 열어젖히면 젊은 아버지와 어머니 나팔꽃 담장의 기억처럼 댓돌에 놓인 할머니 하얀 고무신 환영이 되어버린 소실점을 만난다 세상으로 흘러간 가속만큼 허무함이 밀려오기도 하지만 무시로 시속 400킬로의 시동을 켜는 추억의 속도는 변함이 없다

한 밤중의 모노드라마

어둠을 배경으로 라스트 왈츠를 연거푸 추고 있다 영화 속 남자의 음산한 표정과 묘하게 어울리는 리듬 조금 크다 싶은 볼륨 새벽은 왜 이리 명료한 지 마치 야행을 기다리는 짐승 같다

올 겨울 눈 온다는 기별 제대로 받은 적도 없는데 어느 새 바람 끝이 화르르 풀렸다 단숨에 겨울이 무심해진다 반사적으로 떠오르는 정리되지 않은 지난 봄

불혹을 지나며 부딪쳤던 것들은 다행히 모두 미수에 그쳤다 불혹이 아니라 유혹이며 미혹이었다 지천명을 넘으면 세상을 조금 더 볼 수 있을까 뒤늦게 가슴 훑고 가는 것이 어디 그 뿐이랴 그렇게 세월을 살다 가는 것이리라 끝없이 반복되는 이 밤의 왈츠처럼

그야말로 충만한

*흰돌마을을 지나며 보았다
'충만한 교회'
미끄러질 것 같은 지붕의 뾰족탑에
둥지를 튼 새
그야말로 충만한
하나님과 함께 산다

*흰돌마을

고양시 백석동

꽃집 남자

길모퉁이 꽃집을 지날 때
문득 한 남자가 내 옷깃을 잡는다
궁금한 유리창너머
장미는 어딘가 지쳐 보이고
소국小菊들은 향기로운 숨을 쉰다
산그늘 같은 손길로 건네주는
콧매가 서늘한 그는
늘 바지통 한 쪽이 헐렁하다
희망을 의지하고 있는 목발이
어딘가 가을꽃을 닮아 있지만
노을 무렵이면 그의 마음도 물드는지
꽃의 얼굴로 피어난다

사 추 기 思秋期

쌓아둔 변명 탓인가
잊을만하면 신호를 보내온다
웬만한 처방으로는 나을 것 같지 않은
불안이 먼저 진단 된다
혹여 나도 모르게
아픔을 즐기고 있는 건 아닌지
내시경에도 잡히지 않는
언제나 투병중인
무겁고 나른한 봄날

아 저기 저 초록나무 혈관이라면

퇴근길

한강철교에 노을이 걸리면
숨차게 달려온 자동차들
내리막에서 몸을 푼다
어제와 똑같은
하루의 눈금 지우며
충혈 된 눈자위
안쓰럽게 씻어내고 있다

산길을 읽는다 3

여러 날 비가 오지 않았는데
산길이 촉촉하다
설핏 미끄러지기도 하고
뒤꿈치에 흙이 따라붙기도 한다
강물이 몸 풀었다는 소식
풍문으로 듣긴 하였다만
제 몸 흐느끼듯 이렇게 열어 보일 줄이야
산길에서 봄을 읽다가
아스팔트 닮아있는 마음을 본다

간밤엔 비가 왔는데
산길이 하나도 젖지 않았다

부재중 그리움

세월의 뼈

–문양석

처음 너의 세상은
지금보다 얼마나 더 먼 곳이었을까
바람의 산을 넘어온
몸속엔
세월의 뼈들이 묻혀있어
어느 영혼의 무덤이 함께 온 걸까
먹빛 무게에 담겨있는 무한 여백
잠든 적 없이 시공時空을 건너온
그 발자국 세다보면
아무것도 아닌 나의 그림자
아무것도 아닌 나의 숨소리

*두물머리 연가

바람으로 떠돌던 두 가슴이
강물의 들판이 되었다
여울 한번 만나고 깊어져간 물소리
여울한번 만나고 헤어질 때 바람소리
모두 불면이었다

치어처럼 뛰놀던 숨 가쁜 물살도
하얗게 바래어진 강물의 속내도
한 때는 빛의 소용돌이였을 것이다

이젠 어디서도 찾을 수 없는
차마 놓아버린 다짐들이
흩어져버린 내일이
느티나무 전설로 흐르고 있다

*두물머리
북한강과 남한강이 만나는 물줄기로 한강머리를 일컫는 말

부재중 그리움 1

거리는 단풍재가 한창인데
지난 계절에 부친 우표 한 장
받았다는 기별이 없다
주소를 잃어버린 걸까
닿지 않는 바람 바람
어디서 꼼짝달싹 못하는 가
어디서 산산이 부서져
영영 길 잃어버렸는가

불면 2

서슬이 퍼런 수은주 눈금
쩡쩡한 나목은 잘도 버티는데
제 가슴 하나 여닫지 못하고
백야를 헤맨다
밤새 북풍으로 뒤척이는
절절한 어둠의 시위
차라리 동면이 그리워
잠그고 싶은 밤
잠기고 싶은 잠
서편에 걸린 하현이
창문으로 숨어들면
그제 서야 복면을 벗는 잠의 얼굴

그리움이 돌아오면

계절이 날리고 있다
마른 잎들은 모두 낙하 중이다
저물녘의 순한 바람에도
툭 끊기는 포물선
내게 일격을 가한다
낯설게 그리워지는
담을 수 없는 시간더미들
거리의 청소부처럼
묵묵히 쓸어내며 주문을 외운다
떠나간다고 아파하지 마라
그리워하라고
많이 그리워하라고
내게서 멀리 돌아가는 것이니

개 화

—목련

오늘밤
그를 안고 있는 게 확실하다
달빛에 젖어
한결 나긋해진 살결
날이 밝으면
초야初夜의 설렘
더는 감추지 못할 것이다

안개

안개의 그물에 단단히 걸려든 아침
가시거리 제로의 페달을 밟으면
금세 나의 순결한 고향으로 데려다 준다
가끔은 흐린 날의 부표가 되기도 하지만
단숨에 넘어서는 무한궤도
뿌옇게 젖은 그 행렬 쫓다보면
하나 둘 옷을 벗기 시작 한다
내 몸에서 걷어낸 수북한 덜미에
하루가 가뿐하다

블랙홀

걷잡을 수 없는

소
　용
　돌
　　이

일방통행의 비상구

내 안에서 힘들게 버티고 있다

그림 속의 남자

그 찻집에 가면 마주하게 되는
벌거벗은 한 남자
철제 침대뿐인 방에 쪼그리고 앉아
방안 가득 퍼져있는 햇살로
공복을 채우고 있다
간신히 매달려 있는 창문엔
부딪혀 떨어져나간 절벽의 흔적들이
소리 죽여 울고
남자의 투명한 동공 속엔
날개의 비상이 아닌
비쩍 마른 슬픔이 흥건하다

신문을 심문 한다

겨우내 쌓아두었던 신문지를 내다 버렸다
파지가 되어버린 하루하루가 너무 많아
신문을 심문해보기로 한다
산더미 같은 활자만큼
떠나간 나날 속엔
부른지 오랜 이름 흐려진 얼굴
인연의 시효를 묻는 물음이
내게 배달되었을지 모른다
어느 저문 날의 이별도
무심한 신문의 하루처럼
흘러가버린 사연 있었겠다
신문은 말끔히 치워버렸는데
심문心問을 받은
가슴 한 쪽은 답답하기만 하다

완연한 봄

신록의 바다를 띄우고

바람까지 푸른

오월은 어여쁜 신부

수많은 하객 앞에서

연둣빛 형광螢光 띠를 두르고

화려한 대관식을 올리고 있다

그 섬에서

사람들을 섬이라 부르는 건
언제라도 돌아설 기미가 있어서다
말言의 파도 얼마나 거친 지
달콤한 말만 살아남는
보이지 않는 내전 치르다보면
어디를 가도 섬인 것이다
섬 사이 점점 멀어지다
표류하게 되는 무인도
떠나는 사람도 남아있는 사람도 없이
마냥 쓸쓸해도
어쩌면 뒷모습을 보지 않아도 되는
안심할 일이다

시계가 멈춘 학교

—*교육박물관에서

시계가 멈춰있는 교실엔
굳어버린 낙서들이 책상위에 뒹굴고
느슨한 풍금소리
방금 누군가 앉았던 자리처럼 따뜻하다
어른이 되어서야 심금을 울리는
아이들의 노래
섬집아기 꽃밭에서 고향 땅
노랫말 속에서 달려 나온
빛바랜 사진 속 아이들
텅 빈 운동장에서
뛰어 놀고 있다

* 덕포진 교육박물관
부부교사가 퇴직 후 사재로 운영하는 경기도 김포시 대곶면 신안리에 위치

산길을 읽는다 1

산에서 만나게 되는 길들은
누군가가 머물렀던 시간의 호흡이다
오롯이 이어지는 좁고 구불구불한 길 오르다보면
다시 만나게 되는 모종의 약속 같은 길도 있고
한참을 돌아가도 더는 나아가지 못하는
외길 낭떠러지도 있다
되돌아 나올 수밖에 없는 그 길 또한 길이지만
돌아서는 그 때는
쓸쓸한 마음 길
문득 누군가의 마음 안으로
들어서는 길도 이렇겠구나 하는 생각이 고인다
오솔길을 지나고 능선을 지난다
산길을 걷지만 마음 길을 걷는다
산길을 온통 걸어봐도 잘 모르겠다
어디서 당신을 놓쳐버렸는지

아주 오래된 사랑

실연 2

펼쳐놓은 지도위의 지명처럼
그대가 얼마나 멀리 있는지 알지 못한다
서로 다른 창을 바라보며
아주 조금 씩 극을 달렸던
붉고 푸른 심장이
실연하는 법을 가르친다
미소를 지으면서도 울고 싶고
차디찬 눈빛 너머로 마음 뜨거웠던 적 있다
저 머나먼 *킬리만자로 오르는 길처럼
온전히 하나가 될 수 없는
어쩌면 스스로를 가두고 싶었을
너
다시 머언 나라로 가고 있는 가
처음 서 있던 그 곳으로

*킬리만자로
아프리카 최고봉으로 열대와 만년설이 어울려있는 곳

부재중 그리움 2

대기층이 불안정한 날
외로움 저 혼자 밀고 당기다보면
겹겹이 싸고 있던
성채 하나 허물어진다
옥죄고 있던 마음 일어서서
큰 북 힘차게 울리다가도
어둠이 스멀거리는 저녁이면
자꾸 마른기침이 난다
변방의 나그네처럼 서러워진다
그 때 먼 길을 돌아온 바람결이
온몸으로 부르는 달빛이
나를 어루만져주었다
내가 힘들 때 안아준 것은
그토록 그리워한 네가 아니었다

옛 친구를 보내며

—영정 앞에서

그 어느 때보다 고운 미소로
마주 앉아있다
신록은 저리 눈부신 데
서둘러 *레테의 강을 건너가는
빈 그림자
무거운 걸음으로
어디서 한번쯤 뒤돌아보았을까
흉터처럼 새겨져있는 너의 이야기
보고 또 둘러보니
널려 있는 무덤이 너무 많구나

*레테의 강
전생의 기억을 잊게 한다는 저승 길목에 있는 망각의 강

불혹을 지나며

아픔도 길들여지면 아프지가 않나보다
몸의 촉수가 무뎌지기까지
신음했던 많은 날들
시원히 떠나갔건만
이젠 아프고 싶다
예전처럼 눈물 펑펑 흘리며
잠 못 이루며 마음 졸이던
그 여리디 여린
가슴 한 번 만져보고 싶다

칩거 2

날마다 나의 창을 두드렸을
야리야리한 그 소리
오늘에서야 들었네
눈부신 한낮을 실명한 채
오로지 정적에 갇혀 살았네
작고 어린 요정들
밤낮없이 공중을 날며
마법의 주문을 외우는 동안
눈 한번 못 맞춘
안타까운 죄 지었다네
머리맡 수북한 덤불 치우고보니
살구나무 모과나무 잎새들이
신나게 스크럼을 짜고 있네
화들짝 깨어나는
한 박자 늦은 나의 봄

오 해

안간힘을 써도 열리지 않던 문이
더 이상 문이 아니었는지
맥없이 툭 떨어져 나간다
시원하기보다 쓸쓸한
두 얼굴이 만난다
시간이 흘러 맞물리는 열쇠가 있는가 하면
열쇠가 소용없는 성곽 같은 문도 있다
열수 없는 문 앞에
오래 서 있다 보면
지레 마음이 허물어져버린다
단단한 문과 열쇠를 만들어내는
어딜 가나 문이 있는 세상
이집 저집 기웃거리지 말고
내 집 대문이나 손 봐두어야겠다

연 애

겉으론 덤덤한 듯해도
아무도 모르는 깊은 곳에
꽁꽁 숨어 있다가
어느 한 날
뿌리 채 뽑혀 나온다
한양 기다리고 있었던 것처럼
정말은
갇혀있지도
잠들어 있지도 않았다
꿈속에서조차 깨어있었다

'모짜르트'에서

길모퉁이 찻집
맨 몸이 훤히 드러나는 유리창에
첼로의 선율이 미끄러지고 있다
찻잔에 담긴 모처럼의 여유를 마시며
창 너머 행인을 쫓다보면
접어두었던 삶을 꺼내보는
어느 새 젊지 않은 나이
마로니에 그늘을 그리워하는
서로 다른 시간 속의 사람
약속의 창은
언제나 말갛게 닦여져 있어
찻집 '모짜르트'엔
오늘도 모짜르트의 세월이 흐른다

가을 낙화

팽팽한 하늘에

시위를 당기는

한 떨기 빛

절정의 과녁을 맞추고 있다

화신花信

날은 화창한데 꺼칠한 담장들
까치발로 화신花信을 기다리고 있다
바람은 골목 밖까지
마중 나가 있는데
도무지 소식이 없다
TV속 남녘에선
산의 맥박이 뛰고
꽃들의 치장이 분분한데
우리 동네 목련은
언제쯤 초인종을 누를까

아주 오래된 사랑
—문양석

처음엔 바람이 실어온
한줌의 흙이었을 것이다
내가 짐작조차 할 수없는
먼 세상의 달빛으로 숨을 쉬고
햇살을 품은 날만큼
밤낮으로 가부좌를 틀었으리라
바닷물이 차오르는 날이면
사방 귀엣말들로 서늘했을 몸
메아리가 사는 골짜기에서
은자의 침묵도 배웠을
멀고 먼 고고한 길의
그 나그네
지금
내 앞에 있다

불면 1

때때로 밤은 어둡지 않다

부표만 가득한 안개의 바다

어둠의 파수꾼이 되고 만다

밤새 숨어버린 별들을 다 찾고 나서야

잠의 스위치를 켠다

이별 후문後門

– 위염

문이 세게 닫히고 한동안은 귀가 먹먹했다
이별 후에 생긴
또 하나의 거대한 문
걸핏하면 인기척을 낸다
지나는 바람에도 삐걱대며
심상치 않은 신호를 보내온다
내성처럼 무서운 것이 없다는
몸의 경고를 듣는다
그 무엇도 흘러가버리는
바람 아닌 것 없지만
아직도 신물처럼 넘어오는 순간순간들
수시로 문 열리고 문 닫히다보면
명치끝에 걸려있던 변명도
하나 둘 사라져간다
너의 발소리 듬성듬성해지고
네가 알았던 나도 담담해져가고

표 류

먼데서 보내오는 신호처럼
바다가 일어섰다 앉았다한다
문지방에 걸쳐 앉은 저 해안선도
처음엔 서툴고 머뭇거렸을 것이다
방파제를 곧 무너뜨릴 것 같다가도
달리기를 다한 하얀 갈기처럼 돌아 누워버린다
이제 그만 나를 놓아
그 검푸른 심장에 안겨도 좋으리라
침몰하는 어둠이 때론 평화이니

소리 없는 대화

산길을 읽는다 2

산을 한참 오르다보면
불쑥 평평한 길이 나타날 때가 있다
정상을 향한 오르막만 있을 줄 알았는데
어떻게 그 너른 마당이 펼쳐져 있는 지
가파른 산이 심호흡 하는 동안
나그네도 쉬어간다
산길이 구부러져있고
능선이 부드러운 건
그쯤에서
세상의 숨 고르라는 말씀인가 보다

목련

고운 종이에 겹겹이 싸두었던 언약
혼자만의 다짐이었을까
더는 견딜 수 없어
활짝 열어 보이고
서둘러 돌아서버린다
한숨이 어지러이 널려있고
흐느낌도 채 식지 않았는데
떠나자마자 기다림의 잎
다시 틔우고 있는 걸 보면
나의 그리움 같은 건
한참 통속通俗이다

안으로 잠긴 창

편두통처럼 쏟아지는 햇빛
창문에 기대어
흩어져 가는 나의 시간을 불러 모은다
바람의 귓속말
나뭇잎들의 수화
고요한 외침은 쉴 새 없는데
나는 종일
안으로 잠긴 창에서
구름도 느린
허공을 쫓고 있다

소리 없는 대화

화려한 말言의 전장에서는 물러설 일이다 차라리 홀로 묻고 홀로 대답한다 그렇게 할 말 다 쏟아내고 나면 굳이 말할 필요를 느끼지 않는다 이미 하고 싶은 말 다했으므로 용서도 이해도 끝냈으므로 이런 소리 없는 대화 때문에 무심한 사람이 되기도 하고 냉정한 사람도 된다 믿었던 말에 다치다보면 마음 닫히기 쉽다 무장된 말은 넘쳐나고 온전한 말은 시간의 강물에 흘러가버려 어쩌다 눈 마주치면 남몰래 짓는 씁쓸한 미소

들꽃

–꽃박람회장에서

길마다 꽃 천지
꽃들이 이를 훤히 드러내며 웃는
잔칫집 마당
서로가 함박웃음으로 피어보는 날
향기에 흠씬 취해있어도
숨 멈추게 하는 수줍은 눈인사
살금살금 나붓대는 패랭이꽃무리
언제나 마음 흔드는 건
한순간의 눈빛
작고 조용한 격렬함

우울증

빛의 안락사를 꿈꿀 만큼
어둠에 젖어있다 보면
이상한 저항이 부푼다
힘없이 무거워지고
팽팽히 무디어지다가도
차라리 단검의 외마디로
의식 잃은 나신裸身이 되고 싶은 날들
도처에 흩날리고 있는 바람의 풀씨를
전장에서 기도 올리는 병사를
어떻게 구할 수 있으리
무적無敵으로 심장을 가르는
그 숨은 비명에
누가 귀 기울이리

J의 병상에서

아무래도 먼 길을 떠나려는가보다
초점 없는 눈동자
간신히 버티고 있다

세월도 잊고
세상의 말도 잃어버렸지만

남아있는 사람들에게
삶의 무상
엄숙히 가르치고 있다

4 월의 풍장

벚꽃나무 마당을 쓸고 있다
쓸어도 쓸어도 쌓이는 춘설春雪
꽃이 전하는 말
제대로 귀담아 듣지 못했는데
그새 아프게 내려선다
헤어짐의 인사 저리 눈부시다니
차마 우지 않는
이별의 무게 알듯 말듯
삶의 언약 같은 건 그만 하기로 하자
누구의 풍장인가
한없이 가벼운 바람에
무거운 것들이 날리는 이 봄날

옛 친구를 보내며 2

5월 30일 비
마지막 *소풍날이다
너는 허공을 날고
나는 공허를 줍고
젖은 깃발이 마구 휘날린다
함께 울렸던 푸른 기적은
여기 그대로 두고

*천상병의 시 '귀천'에서 차용

신도시 항구

모델하우스가 마을을 이루고 있다
더 이상 공터가 아닌
그곳에 세워진 깃발은
화려한 항해를 꿈꾸는 희망 리스트
승선을 위한 줄을 선다
질주 태세를 갖춘 날렵한 자동차들이
바다를 분양 중인
신도시 항구로 몰려들고 있다

부재중 그리움 3

서로 다른 두 개의 나와
서로 다른 두 개의 네가 벌이는
팽팽한 줄다리기
발끝으로 간신히 서 있는 날엔
하늘마저 내려앉아
종일 교신은 닿지 않고
잡음 무성한
그리움의 전원電源만 켜져 있다

노 래 방 에 서

노래방의 코인이 끝나갈 무렵
누군가가 난데없이
'불효자는 웁니다'를 부릅니다
며칠 전에 지나간 어버이날 때문이었을까요
따라 부르는 낮은 음들이
어둠속에서 부딪혀 넘어집니다
노래는 끝났어도
뿌옇게 보이는 서로의 얼굴
마음 놓고 울 수 있는
허름한 시간이 필요했나 봅니다

가을 봄

요즘 부쩍 뒷목이 허전했는데
마로니에 공원에 봄기운이 돈다
비둘기 노니는 은행잎 마당에
유치원생 아이들 재재 거리며
고만고만한 웃음을 널어놓는다
잠시 쉬어가는 가을 나그네
꼭 봄 소풍 따라 온 것 같다

부재중 그리움 4

'부재중 전화'
작은 쪽창에 남겨진 이 문자는
어쩌면 그리움의 시효를 넘긴
너의 부름일지 모르겠다

붉은꽃열흘
신진숙 시집

초판인쇄 2006. 10. 16
초판발행 2006. 10. 23
지 은 이 신 진 숙
펴 낸 이 배 병 호
펴 낸 곳 도서출판 신원
등 록 제22-999호
주 소 서울시 동작구 사당1동 1007-39 우석B/D
전 화 02)594-1594, 583-1623
팩 스 02)594-1631
이 메 일 sinwon21@korea.com

값 8,000원
ISBN 89-87884-49-X
※ 잘못된 책은 바꿔드립니다.